Todos los libros de Linkgua Ediciones cuentan con modelos de Inteligencia Artificial entrenados por hispanistas. Pregúntale al chat de tu libro lo que desees acerca de la obra o su autor/a.

Para ebooks: Accede a nuestro modelo de IA a través de este enlace.

Para libros impresos: Escanea el código QR de la portada con tu dispositivo móvil.

Obtén análisis detallados de nuestros libros, resúmenes, respuestas a tus preguntas y accede a nuestras ediciones críticas generativas para una experiencia de lectura más enriquecedora.
La transparencia y el respeto hacia la autoría de las fuentes utilizadas son distintivos básicos de nuestro proyecto. Por ello, las respuestas ofrecen, mediante un sistema de citas, las fuentes con las que han sido elaboradas.

Juan de Mena

Laberinto de fortuna

Barcelona 2024
Linkgua-ediciones.com

Créditos

Título original: Laberinto de fortuna.

e-mail: info@linkgua.com

Diseño de la colección: Michel Mallard.

ISBN rústica ilustrada: 978-84-9007-146-5.
ISBN tapa dura: 978-84-1126-738-0.
ISBN ebook: 978-84-9897-915-2.

Sumario

Brevísima presentación

La vida

Juan de Mena (1411-1456). España.
Nació en Córdoba. Parece que fue nieto del señor de Almenara Ruy Fernández de Peñalosa y su padre fue Pedrarias, regidor o jurado de Córdoba. Tras iniciar estudios allí, los terminó en Salamanca (1434). En esa ciudad conoció al cardenal Torquemada, con el que viajó a Florencia en 1441 y a Roma. Tras regresar a Castilla en 1443, sirvió a Juan II como secretario de cartas latinas. Poco después el monarca lo nombró cronista oficial.

Mena murió en Torrelaguna de una pulmonía.

Laberinto de fortuna, es su obra maestra. Es un poema alegórico dedicado a Juan II. Influido por Lucano, Virgilio y Dante, está escrito en verso dodecasílabo y casi trescientas coplas de arte mayor.
El poema relata el peso de la Providencia en la vida humana y en el destino de Castilla.

Laberinto de fortuna

Al muy prepotente don Juan el segundo
aquel con quien Júpiter tuvo tal zelo
que tanta de parte le fizo del mundo
quanta a sí mesmo se fizo del çielo,
al gran rey de España, al Çésar novelo;
al que con Fortuna es bien fortunado,
aquel en quien caben virtud e reinado;
a él, la rodilla fincada por suelo.

Tus casos falaçes, Fortuna, cantamos,
estados de gentes que giras e trocas,
tus grandes discordias, tus firmezas pocas,
y los que en tu rueda quexosos fallamos;
fasta que al tempo de agora vengamos
de fechos pasados cobdiçia mi pluma
y de los presentes fazer breve suma:
y dé fin Apolo, pues nos començamos.

Tú, Calïope, me sey favorable,
dándome alas de don virtuoso;
por que discurra por donde non oso,
convida mi lengua con algo que fable;
levante la Fama su boz inefable,
por que los fechos que son al presente
vayan de gente sabidos en gente;
olvido non prive lo que es memorable.

Como no creo que fuessen menores

que los de Africano los fechos del Çid,
nin que feroçes menos en la lid
entrasen los nuestros que los agenores,
las grandes façañas de nuestros señores,
la mucha constançia de quien los más
ama
yaze en teniebras, dormida su fama,
dañada de olvido por falta de auctores.

La grant Babilonia, que ovo çercado
la madre de Nino de tierra cozida,
si ya por el suelo nos es destruida,
¡quánto más presto lo mal fabricado!
E si los muros que Febo a travado
argólica fuerça pudo subverter,
¿qué fábrica pueden mis manos fazer
que no faga curso segunt lo passado?

Ya, pues, desrama de tus nuevas fuentes
en mí tu subsidio, inmortal Apolo;
aspira en mi boca por que pueda solo
virtudes e viçios narrar de potentes.
A estos mis dichos mostradvos presentes,
o fijas de Tespis, con vuestro thesoro,
y con armonía de aquel dulçe choro
suplid cobdçiando mis inconvenientes.

Dame liçençia, mudable Fortuna,
por tal que blasme de ti como devo:
lo que a los sabios non deve ser nuevo
innoto a persona podrá ser alguna;

pues que tu fecho así contrapugna,
faz a tus casos como se concorden,
ca todas las cosas regidas por orden
son amigables de forma más una.

La orden del cielo exemplo te sea:
guarda la mucha constançia del Norte;
mira el Trión, que ha por deporte
ser inconstante, que siempre rodea;
e las siete Pleyas que Atlas otea,
que juntas parescen en muy chica suma,
siempre se asconden venida la bruma;
cada qual guarde qualquier ley que sea.

¿Pues cómo, Fortuna, regir todas cosas
con ley absoluta, sin orden, te plaze?
¡Tú non farías lo qu´el çielo faze,
e fazen los tiempos, las plantas e rosas?
O muestra tus obras ser siempre dañosas,
o prósperas, buenas, durables, eternas:
non nos fatigues con vezes alternas,
alegres agora e agora enojosas.

Mas bien acatada tu varia mudança,
por ley te goviernas, maguer discrepante:
ca tu firmeza es non ser constante,
tu temperamento es destemperança,
tu más çierta orden es desordenança,
es la tu regla ser muy enorme,
tu conformidat es non ser conforme,

tú desesperas a toda esperança.

Como las nautas que van en poniente
fallan en Cádiz la mar sin repunta,
Europa por pocas con Libia que junta,
quando Boreas se muestra valiente,
pero si el Austro comueve al tridente,
corren en contra de como vinieron
las aguas, que nunca ternán nin tuvieron
allí, donde digo, reposo paçiente,

así fluctuosos, Fortuna aborrida,
tus casos inçiertos semejan, e tales,
que corren por ondas de bienes e males,
faziendo non çierta ninguna corrida.
Pues ya por que vea la tu sinmedida,
la casa me muestra do anda tu rueda,
por que de vista dezir çierto pueda
el modo en que tratas allá nuestra vida.

Non bien formadas mis bozes serían
quando robada sentí mi persona,
e llena de furia la madre Belona
me toma en su carro que dragos traían,
e quando las alas non bien remeçían
feríalos ésta con duro flagelo,
tanto que fizo fazerles tal buelo
que presto me dexan adonde querían.

Así me soltaron en medio de un plano
desque ovieron dado comigo una buelta,
como a las vezes el águila suelta

la presa que bien nol finche la mano;
yo de tal caso mirable, inhumano,
falléme espantado en un grand desierto,
do vi multitud, non número çierto,
en son religioso e modo profano.

E toda la otra vezina planura
estava çercada de nítido muro,
así trasparente, clarífico, puro,
que mármol de Paro paresçe en albura,
tanto qu´el viso de la criatura,
por la diafana claror de los cantos,
pudiera traer objectos atantos
quantos çelava so sí la clausura.

Mas ya porque en otros algunos lugares
mi vista, bien antes que yo lo demande,
me faze grant cuerpo de cuerpo non
  grande
quando los medios son especulares,
dixe: «Si formas tan mucho dispares
bien non reguardo, jamás seré ledo
si de más çerca mirar ya non puedo
sus grandes misterios e muy singulares».

Como el que tiene el espejo delante,
maguer que se mire de drecho en
  drecho,
se parte pagado, mas non satisfecho
como si viese su mesmo semblante,
tal me sentí ya por el semejante,
que nunca así pude fallarme contento

que non desease mirar más atento,
mi vista culpando por no ser bastante.

Estando yo allí con aqueste deseo,
abaxa una nuve muy grande y escura;
el aire fuscando con mucha presura,
me çiega e me ciñe que nada non veo;
e ya me temía, fallándome reo,
non me conteçiese como a Polifemo,
que desque çiego en la gruta de Lemo
ovo lugar el engaño ulixeo.

Mas como tenga miseria licencia
de dar más aguda la contemplaçión,
y más e más a aquellos que son
privados de toda visiva potençia,
comienço ya quanto con más eloquençia
en este mi cuita, de dialogar,
al pro y a la contra, e a cada lugar
siempre divina llamando clemençia.

Luego resurgen tamaños clarores
que fieren la nuve, dexándola enxuta,
en partes pequeñas así resoluta
que toda la fazen bolar en vapores;
e resta en el medio, cubierta de flores,
una donzella tan mucho fermosa
que ante su gesto es loco quien osa
otras beldades loar de mayores.

Luego del todo ya restituida
ovieron mis ojos su virtud primera,

ca por la venida de tal mensajera
se cobró la parte que estava perdida;
e puesto que fuesse así descogida,
más provocava a bueno e honesto
la gravedad del su claro gesto
que non por amores a ser requerida.

Desque sentida la su proporción
de humana forma non ser discrepante,
el miedo pospuesto, prosigo adelante
en humil estilo tal breve oraçión:
«O más que seráfica, clara visión,
suplico me digas de donde veniste
e quál es el arte que tú más seguiste,
e cómo se llama la tu discreçión».

Respuso: «Non vengo a la tu presencia
de nuevo, mas antes soy en todas partes;
segundo te digo que sigo tres artes
de donde depende muy grande exçe-
lençia:
las cosas presentes ordeno en essençia,
e las por venir dispongo a mi guisa,
las fechas revelo; si esto te avisa
Divina me puedes llamar Providencia».

«O prinçipesa e disponedora
de gerarchías e todos estados,
de pazes e guerras, e suertes e fados,
sobre señores muy grande señora,
así que tú eres la governadora
e la medianera de aqueste grant mundo,

¿y cómo bastó mi seso infacundo
fruir de coloquio tan alto a desora?

»Ya que tamaño plazer se le ofresçe
a esta mi vida non meresçedora,
suplico tú seas la mi guiadora
en esta gran casa que aquí nos paresçe;
la qual toda creo que más obedesçe
a ti, cuyo santo nombre convoco,
que non a Fortuna, que tiene allí poco,
usando de nombre que nol pertenesçe».

Respuso: «Mançebo, por trámite recto
sigue mi vía, tú, ven, e subçede,
mostrart´he yo algo de aquello que
puede
ser apalpado de humano intellecto;
sabrás a lo menos qual es el defecto,
viçio y estado de qualquier persona,
e con lo que vieres contento perdona,
e más non demandes al más que per-
fecto».

E contra do vido mostrarse la puerta
se iva, levándome ya de la mano;
notar el entrada me manda temprano,
de cómo era grande e a todos abierta.
«Mas una cautela yaze encubierta»,
dixo, «que quema muy más que la
brasa,
que todos los que entran en esta grand
casa

han la salida dubdosa e no çierta».

«Angélica imagen, pues tienes poder,
dame tal ramo por donde me avises
qual dio la Cumea al fijo de Anchises
quando al Erebo tentó desçender»,
le dixe yo e luego le oí responder:
«Quien fuere constante al tiempo adver-
sario
y más non buscare de lo neçesario
ramo ninguno no avrá menester».

Así razonando, la puerta pasamos,
por do confluía tamaño gentío
que allí do el ingresso más era vazío
unos a otros estorvo nos damos,
ca por la cosa que mucho andamos
quanto deseo común más se esfuerça,
más nuestra priesa nos daña e nos
fuerça,
e lo que queremos menos acabamos.

Como el ferido de aquella saeta
que trae consigo la cruel engorra,
mientras más tira, por bien que l´acorra,
más el retorno lo fiere e aprieta,
así mi persona estava subjecta:
quando pugnava por descabollirme
mi priessa e la de otros me tiene más
firme,
non governándome de arte discreta.

Mas la sabia mano de quien me guiava,
veyéndome triste e tanto perplexo,
ovo por bueno de dar a mi quexo
un tal reparo qual yo deseava:
es a saber, de priesa tan brava
me toma e de dentro me pone tan libre,
qual el Penatígero entrando en el Tibre
fue de los griegos de quien reçelava.

Mas preguntadme ya de quant aína
estó en lo más alto de aquella posada,
donde podía ser bien devisada
toda la parte terrestre e marina.
Febo ya espira, pues, de tu doctrina
módulo tanto que cante mi verso
lo que allí vimos del orbe universo
con toda la otra mundana machina.

Si coplas, o partes, o largas diçiones
non bien sonaren d´aquello que fablo,
miremos al seso, mas non al vocablo,
si sobran los dichos segunt las razones,
las quales inclino so las correcçiones
de los entendidos, a quien solo teman,
mas no de groseros que siempre blas-
  feman
segunt la rudeza de sus opiniones.

De allí se veía el espérico çentro,
e las çinco zonas, con todo el austral,
brumal, aquilón e la equinoçial,
con la que solstiçia contiene de dentro;

e vi contra mí venir al encuentro
bestias e gentes de estrañas maneras,
mostruos e formas fengidas e veras,
quando delante la casa más entro.

La mayor Asia en la zona terçera
e tierra de Partia vi entre los ríos
Tigris e Indo, de reinos vazíos,
mucho espaçiosa cada qual ribera;
allí la provinçia de Acursia vi qu´era
junta con Persia e con Asiría,
e tierra de Media, do yo creería
la mágica averse fallado primera.

E çerca de Éufrates vi los moabitas,
e Mesopotamia como se tendía,
Arabia e Caldea, do el astronomía
primero fallaron, gentes amonitas,
y los idumeos e medianitas,
e otras provincias de gentes mayores,
las quales pasando, conçedan lectores
perdón a mi mano si non son escriptas.

Vi, de Eufratés al Mediterrano,
a Palestina e Feniçia la bella,
dicha de fénix, que se cría en ella,
o quiçá de Fenis, de Cadino hermano,
el Líbano monte do nasçe el Jordano,
do fue bateado el fi de María,
e vi Comagena con toda Siría
e los nabatheos que agora no esplano.

De parte del austro vi como se llega
la terra de Egipto al Rubro Nereo,
de Egisto así dicha, padre de Linçeo,
la qual cerca Nilo, que toda la riega,
do el çielo sereno jamás non se çiega,
nin el aire padesce nubíferas glebas,
do vi a Mauriçia, el antigua Thebas,
más desolada que Estaçio no allega.

Vi, de la parte qu´el noto se ençiende
el Cáucaso monte como se levanta
con altitud e grandeza tanta
que fasta cerca de Europa se tiende,
de cuyas faldas combate e ofende
la gente amazona, menguada de tetas,
los sármatos, colcos e los masagetas,
e aun los ircanos que son más allende.

Vi luego los montes Iperboreos,
Armenia e Siçia con toda Albanía;
aunque, por quanto prolixo sería,
dexo más otros rincones de ebreos,
de los capadoçes e los amorreos,
e de Niçea, do juntada fue
la sínodo santa que libró la fe
de otros peores que los manicheos.

En la menor Asia mis ojos tornados
vieron aquella Galatia, do fueron
las gentes que al rey Bitinio venieron,
dando socorros bien galardonados;
los campos de Frigia tanto llorados,

Caria, Isauria vimos en pronto,
Lidia, Panfilia e tierra de Ponto,
do Naso e Clemente fueron relegados.

Es vi más aquélla que Europa dixeron,
de la que robada en la taurina fusta
lançó los hermanos por causa tan justa
en la demanda que fin non pusieron;
e contra Trión luego paresçieron
los montes Rifeos e lagos Metoes,
los quales te ruego, lector, que tú loes,
porque vezinos de Gótiga fueron.

E vi la provinçia muy generosa
que es dicha Gotia, segunt nuestro uso,
de allí donde Júpiter alto dispuso,
quando al principio formó cada cosa,
saliese de tierra tan mucho famosa
la gótica gente que el mundo vastase,
por que la nuestra España gozase
de estirpe de reyes atán gloriosa.

Del agua del Tanais contra mediodía
fasta Danubio vi Çisia la baxa
e toda Alemaña, que es una grant caxa,
con los pueblos dacos su tierra muy fría;
e fasta los Alpes se ya paresçía
Reçia, Germanía la superior,
Mesia, Panonia e, para mejor,
todas las partes del reino de Ungría.

Del Mediterrano fasta la grant mar,

de parte del Austro vimos toda Greçia:
Chaonia, Molosia, Eladia, Boeçia,
Epiro e su fuente, la muy singular,
en la qual si fachas queriendo quemar
muertas metieren, se ençienden de fuego,
si bivas las meten, amátanse luego
ca puede dar fuegos e fuegos robar.

La grande Tesalia nos fue demostrada,
y el Olimpo monte que en ella resede,
el qual en altura las nuves exçede,
Arcadia Corintio teniendo abraçada;
e desde los Alpes vi ser levantada
fasta las lindes del grant Oçeano
Italia, la qual del pueblo romano
Saturnia fue dicha en la era dorada.

E vi las tres Galias, conviene a saber,
Ludunia, Aquitania, e la de Narbona,
que del primer franco que tovo corona
en Françia su nombre les quiso bolver;
aquésta comiença de proçeder
del monte de Jovis e tanto resalta
que tiende sus fines fasta la mar alta,
que con los britanos tienen que fazer.

Vi las provinçias de España e poniente:
la de Tarragona, la de Çeltiberia,
la menor Cartago que fue la d´Esperia,
con los rincones de todo oçidente;
mostróse Vandalia, la bien paresçiente,

e toda la tierra de la Lusitania,
la brava Galiçia con la Tingitania,
donde se cría feroşçe la gente.

Vimos allende lo más de Ethiopia,
e las provinçias de África todas;
las Sirtes d'Amón, do son los tripodas,
con lo que confina la tierra de Lopia;
Marmárida toda, do es la grant copia
de gente veloçe de los trogloditas;
las áforos, gentes atán imperitas
que de casas e fierros padesçen inopia.

El Catabathmón fue luego patente;
la Cirenaica, región de paganos,
e toda la tierra de los numidanos,
allí do Jugurta se fizo valiente;
Pentapolín conosçimos siguiente,
Getulia, Bisante, con más de otra tanta
tierra que pueblan los de Garamanta,
desde que Juba les fue prepotente.

El mar así mesmo se nos representa,
con todas las islas en él descubiertas,
tan bien de las aguas bivas como
muertas,
e donde bonança non teme tormenta:
Las Estegades vi, nueve por cuenta,
Rodas, e Creta la çentipolea;
Çicladas, las quales qualquier que las
vea
seis verá menos para ver sesenta.

Naxón la redonda se quiso mostrar,
Colcos, Ortigia, llamada Delós,
de la qual Delio se dixo aquel dios
que los poetas suelen invocar;
e vimos las islas Eolias estar,
Icaria, a la qual el náufrago dio
de Icaro nombre, que nunca perdió,
el mal governado de sabio volar.

Mostróse Samos e las Baleares,
Corçega, Bosis e las Vulcaneas,
las Gorgonas, islas de las Meduseas,
e otras partidas que son por las mares;
vimos a Trinacria con sus tres altares,
Peloro, Pachino e más el Etneo,
donde los fuegos insufla Tifeo,
formando gemidos e bozes dispares.

Segunt fazen muchos en reino estrangero
si alguno vïesse lo que nunca vido,
si non lo desdeña e está detenido
los otros retratan de tal compañero;
ca es reputado por mucho grossero
quien faze tal fiesta de lo nuevo a él,
que entiendan los otros que son çerca d´él
que non ovo dello notiçia primero;

así retractado e redargüido
de mi guiadora sería yo, quando

el mundo me vido que andava mirando
con ojos y seso allí embeveçido;
ca vi que me dixo en son aflegido:
«Déxate d´esto, que non faze al fecho;
mas mira: veremos al lado derecho
algo de aquello porque eres venido».

Bolviendo los ojos a do me mandava,
vi más adentro muy grandes tres ruedas:
las dos eran firmes, inmotas e quedas,
mas la de en medio boltar non çesava;
e vi que debaxo de todas estava,
caída por tierra, gente infinita,
que avía en la fruente cada qual escripta
el nombre e la suerte por donde pas-
sava,

aunque la una que non se movía,
la gente que en ella avía de ser
e la que debaxo esperava caer
con túrbido velo su mote cobría;
yo que de aquesto muy poco sentía,
fiz de mi dubda complida palabra,
a mi guiadora rogando que abra
esta figura que non entendía.

La qual me respuso: «Saber te conviene
que de tres edades te quiero dezir:
passadas, presentes e de por venir;
ocupa su rueda cada qual e tiene;
las dos que son quedas, la una contiene
la gente passada, e la otra futura;

la que se buelve en el medio procura
la que en el siglo presente detiene.

»Así que conosçe tú que la terçera
contiene las formas e las simulacras
de muchas personas profanas e sacras
de gente que al mundo será venidera;
por ende cubierta de tal velo era
su faz, aunque formas tú viesses de hombres,
porque sus vidas aun nin sus nombres
saberse por seso mortal non podiera.

»El humano seso se çiega e oprime
en las baxas artes que le da Minerva;
pues ve qué faría en las que reserva
aquél que los fuegos corruscos esgrime;
por eso ninguno non piense ni estime
prestigïando poder ser çiente
de lo conçebido en la divina mente,
por mucho que en ello trasçenda ni rime.

»Mas esto dexado, ven, ven tú comigo,
e faste a la rueda propinco ya quanto
de los passados, si quiés ver espanto;
mas sey bien atento en lo que te digo:
que por amigo nin por enemigo,
nin por buen amor de tierra nin gloria,
nin finjas lo falso nin furtes estoria,
mas di lo que oviere cada qual consigo»

A la rueda fechos ya quanto çercanos,
de orbes setenos vi toda texida
la su redondeza por orden devida,
mas non por industria de mortales
  manos;
e vi que tenía de cuerpos humanos
cada qual círculo de aquestos siete
tantos e tales que non podría Lete
dar en olvido sus nombres ufanos.

Pues vimos al fijo de aquél que sobró
por arte mañosa más que por estinto
los muchos reveses del grand Laberinto
y al Minotauro a la fin acabó;
la buena Ipermestra nos aparesció,
con vulto más pio que toda la Greçia,
e, sobre todas, la casta Lucreçia
con esse cuchillo que se desculpó.

A ti, muger vimos del grant Mauseolo,
tú que con lágrimas nos profetizas,
las maritales regando çenizas,
viçio ser biuda de más de uno solo;
e la compañera del lleno de dolo,
tú, Penelope, la qual en la tela
tardaste demientra resçibe la vela
los vientos negados a él por Eolo.

También en la rueda vimos sublimada,
llena de méritos muchos, a Argía,
e vi que la parte derecha tenía
Alcides quasi del todo ocupada,

a fuer de montero, con maça clavada,
bien como quando librava en el siglo
los calidones del bravo vestiglo
e la real mesa de ser ensuziada.

Yo, que veía ser ofiçiosos
los ya memorados en virtud diversa,
veyendo la rueda que en uno los versa,
los mis pensamientos non eran oçiosos;
miró Providencia mis actos dubdosos:
«Non te maravilles atanto», respuso,
«sabida la orden que Dios les impuso,
nin se te fagan tan maravillosos.

»Dispuso ab inicio la mente superna
que círculo d'estos aquí no paresca
sin que la gente de aquél obedesca
las costelaciones de quien lo govierna;
pues tu juizio, si sabe, descerna
que cada qual de los siete planetas
sus operaçiones influye perfectas
a cada qual orbe por gloria in eterna.

»Así que la Luna, que es la primera,
en el primer çerco imprime su acto,
segunda en segundo conserva tal pacto;
terçero non menos, pues, con la terçera;
e todos de todas, por esta manera,
son inclinados a disposiçión
de las virtudes e costelaçión
de la materia de cada una spera.

»Al çerco por ende que tienes ya visto,
llámale círculo, tú, de la Luna,
e faz así nombre, pues, de cada una,
por que non buelvas el caso tan misto;
agora ya donde dubdavas insisto:
si viste las castas con los caçadores,
es porque asignan aquí los auctores
d´esta planeta tal grado bien quisto.

»Fazte a la rueda, pues, de los presentes
por que las veas entramas a dos,
e de las dubdas requieras a nos;
solvértelas hemos en versos patentes;
e visto el un çerco de passadas gentes,
verás el otro d´esta condiçión
de las personas modernas que son:
pues abre los ojos e para tú mientes».

Atento seguntme mandava, mirando,
vi los tres fados, e Cloto el primero,
Lachesis segundo, Atropos el terçero,
en vezes alternas la rueda girando;
e vi sobre todas estar imperando
en el primero cerco de Diana
una tal reina que toda la hmana
virtud paresçía tener a su mando.

De cándida púrpura su vestidura
bien denotava su grant señorío;
non le ponía su fausto más brío,
nin le privava virtud fermosura;
vençíase d´ella su ropa en albura,

e ramo de palma su mano sostiene,
don que Diana por más rico tiene,
más mesurada que toda mesura.

Vi de la parte del siniestro lado,
al serenísimo rey, su marido,
la mesma librea de blanco vestido,
non descontento de tal baxo grado;
e vi de la parte del diestro costado
una tal reina muy esclaresçida,
que de virtudes de muy clara vida
tenía lo blanco del manto brordado.

Volvíme con aire de dubdosa cara
a la ensolvedora de mis ignorançias,
como de niño que de sus infançias
la madre benigna non triste separa;
tal Providencia se me demostrara,
diziéndome tanto: «Conosco ya bien
que tu desseo será saber quien
pueda ser esta tal gente así clara.

»La que la silla más alta tenía
non la devieras aver por estraña:
era la ínclita reina d´España,
muy virtuosa, doña María,
la qual, allende de su grant valía,
allende de reina de los castellanos,
goza de fama tan rica de hermanos,
Césares otros en la monarchía.

»Goza de mucha prudençia e verdat;

goza de don inmortal de justiçia;
ha de virtudes aquella notiçia
que en fembra demanda la honestidat.
Si fuesse trocada su humanidat,
segund que se lee de la de Çeneo,
a muchos faría, segund que yo creo,
domar los sus viçios con su justedat.

»La otra que vimos a la mano diestra,
era la reina de aragoneses,
la qual, mientra sigue su rey los arneses,
rige su reino la reina maestra;
así, con la mucha justiçia que muestra,
mientras más reinos conquiere el marido,
más ella zela el ya conquerido:
¡Guarda qué gloria de España la vuestra!

»Muy pocas reinas de Greçia se falla
que limpios oviessen guardados los lechos
a sus maridos, demientra los fechos
de Troya non ivan en fin por batalla;
mas una si ovo: es otra, sin falla,
nueva Penélope aquesta por suerte;
¡pues piensa qué fama le deve la muerte,
quando su gloria la vida non calla!»

Poco más baxas vi otras enteras,
la muy casta dueña de manos crueles,
digna corona de los Coroneles,

que quiso con fuego vencer sus fogueras.
¡O quírita Roma, si d´ésta supieras
quando mandavas el grant universo,
qué gloria, qué fama, qué prosa, qué verso,
qué templo vestal a la tal le fizieras!

De otras non fablo, mas fago argumento,
cuya virtud maguer que reclama,
sus nombres escuros esconde la Fama
por la baxa sangre de su nasçimiento;
mas non dexaré dezir lo que siento,
es a saber, que las baxas personas
roban las claras e santas coronas
e han de los viçios menor pensamiento.

A vos pertenece tal orden de dar,
rey exçellente, muy grande señor,
así como prínçipe legislator
la vida política siempre zelar,
por que pudiçiçia se pueda guardar
e tomen las gentes seguros los sueños,
punir a los grandes como a los pequeños,
a quien non perdona non le perdonar.

Como las telas que dan las arañas
las leyes presentes non sean atales:
que prenden los flacos, viles animales
e muestran en ellos sus lánguidas sañas,

las bestias mayores que son más estrañas
passan por todas, rompiendo la tela,
así que non obra vigor la cautela
si non contra flacas e pobres compañas.

Aprendan los grandes bevir castamente,
non vençan en viçios los brutos salvajes;
en vilipendio de muchos linages
viles deleites non viçien la gente;
mas los que presumen del mundo presente
fuyan de donde los daños renaçen;
si lindos cobdiçian ser fechos, abraçen
la vida más casta con la continente.

Es abstinencia de vil llegamiento
la tal castedat, después ya de quando
se va la noticia del viçio dexando,
remoto por obras e mal pensamiento;
e non solamente por casto yo cuento
quien contra las flechas de Venus se escuda,
mas el que de viçio qualquier se desnuda
e ha de virtudes novel vestimento.

Vi los que sano consejo tovieron
e los que componen en guerra las pazes,
e vimos a muchos fuera d´estas hazes
que justas ganançias mercando quisieron,
e otros que libres sus tierras fizieron,

e los que por causa de evitar más daños
han relevado los grandes engaños,
a muchos librando que non se perdieron.

Nestor el antigo se nos demostró,
e los oradores mejor resçebidos
del fijo de Fauno que non despedidos,
el rey que su fijo ya muerto mercó,
e Capis, aquél que siempre temió
los daños ocultos del Paladión,
con el sacro vate de Laocoón,
aquél que los dragos de Palas çiñió.

Debaxo de aquéstos yo vi derribados
los que las pazes firmadas ya rompen,
e los que por preçio virtudes corrompen,
metiendo alimentos a los renegados;
allí vi grant clero de falsos perlados
que fazen las cosas sagradas venales.
¡O religión religada de males,
que das tal doctrina a los mal doctrinados!

Pues vimos a Pándaro el dardo sangriento,
hermano de aquel buen arquero de Roma,
que por Menesteo la libre paloma
firió donde iva bolando en el viento,
el qual a los nervios así del amiento
contra las dóricas gentes ensaña

que toda la tregua firmada les daña,
dándoles campo de pazes esento.

Allí te fallamos, o Polinestor,
cómo truçidas al buen Polidoro
con fambre maldita del su grant thesoro,
non te membrando de fe nin de amor;
ya se t´açerca aquel vil Antenor,
triste comienço de los paduanos;
allí tú le davas, Eneas, las manos,
aunque Virgilio te dé más honor.

Estavas, Isifle, allí vergoñosa,
vendiendo la vida de tu buen marido,
de ricos collares tu seso vençido,
quisiste ser biuda, más non deseosa.
¡O siglo nuestro, edat trabajosa,
si fallarían los que te buscasen
otras Isifles que desseassen
dar sus maridos por tan poca cosa!

Non buenamente te puedo callar,
Opas maldito, ni a ti, Julián,
pues sois en el valle más fondo de afán
que non se redime jamás por llorar;
¿quál ya crueza vos pudo indignar
a vender un día las tierras e leyes
de España, las quales puxança de reyes
en años atantos non pudo cobrar?

A la moderna bolviéndome rueda,

fondón del çilénico çerco segundo,
de viçios semblantes estava el profundo
tan lleno que non sé fablar quien lo
pueda.
Ved si queredes la gente que queda
darme liçençia que vos la señale,
mas al presente fablar non me cale:
verdat lo permite, temor lo devieda.

¡O miedo mundano!, que tú nos compeles
grandes plazeres fingir por pesares,
que muchos Enteles fagamos ya Dares
e muchos de Dares fagamos Enteles;
fazemos de pocos muy grandes tropeles,
buenos nos fazes llamar los viçiosos,
notar los crueles por muy pïadosos
e los pïadosos por mucho crueles.

Bien como siervo, que por la fe nueva
del su patrono se muestra más bivo,
por que le pueda fuir de cativo
dize por boca lo qu´él non aprueva,
semblantes temores la lengua nos lleva
a la mendaçia de la adulaçión
así que qualquiera fará conclusión
que diga lo falso mas non lo que deva.

¿Quién assí mesmo dezir non podría
de cómo las cosas sagradas se venden
e los viles usos en que se despienden
los diezmos ofertos a Santa María?

Con buenas colores de la clerezía
dissipan los malos los justos sudores
de simples e pobres e de labradores,
çegando la santa católica vía.

Cesárea se lee que con terremoto
fuesse su muro por tierra caído,
las gentes y pueblo todo destruído,
que non quedó lienço que non fuese
roto;
mas solo su templo fallamos inmoto,
e la clerezía con el su perlado:
salvo, seguro fue d´esto librado
por su honesto bivir e devoto.

Si tal terremoto nos acaesciese,
lo que la divina clemencia non quiera,
por lo contrario presumo que fuera
de qualquiera villa donde se feziese,
e antes presumo que oy se fundiese
la clerezía con todo su templo,
e que la villa quedase en exemplo
libre, sin daño ninguno que fuese.

La vuestra sacra e real magestad
faga en los súbditos tal benefiçio
que cada qual use assí del ofiçio
que queden las leyes en integridad,
así que cobdiçia nin rapaçidat
non nos ofenda lo bien ordenado,
por que departa de qualquier estado
la vil avariçia su sagaçidat.

Es avariçia, doquiera que mora,
viçio que todos los bienes confonde,
de la ganançia, doquier que se asconde,
una solíçita inquisidora;
sirve metales, metales adora,
de robos notorios golosa garganta,
que de lo ganado sufre mengua tanta
como de aquello que espera aun agora.

Venidos a Venus, vi en grado espeçial
los que en el fuego de su joventud
fazen el viçio ser tanta virtud
por el sagramento matrimonial;
fondón d´estos çercos vi grant general
de muchos linages caídos en mengua,
que non sabe cómo se diga mi lengua
tantas espeçies e formas de mal.

Eran adúlteros e fornicarios,
e otros notados de inçestuosos,
e muchos que juntan tales criminosos
e llevan por ello los viles salarios,
e los que en efectos así voluntarios
su vida deleitan en vano pecando,
e los maculados del crimen nefando,
de justa razón e de toda contrarios.

Vimos en uno vilmente abraçados
la compañera de aquel grant Atrides,
duque de todas las greçianas lides,
tomar con Egisto solazes furtados;

e vimos a Mirra, con los derribados,
hermana ya fecha de quien era madre,
e madre del fijo de su mesmo padre,
en contra de leyes humanas e grados.

Allí era aquél que la casta cuñada
fizo por fuerça non ser más donzella,
comiendo su fijo en pago de aquélla
que por dos maneras d´él fue desflorada;
e vimos en forma muy mal aviltada
ser con Macareo la triste Canaçe,
de los quales amos un fijo tal naçe
que la humana vida dexó injuriada.

De los Centauros el padre gigante
allí lo fallamos con muy poca graçia,
al que fizo Juno con la su falaçia
en forma mintrosa cumplir su talante;
e vimos, movidos un poco adelante,
plañir a Pasife sus actos indignos,
la qual antepuso el toro a ti, Minos;
non fizo Çilla troque semejante.

Tanto andovimos el çerco mirando
que nos fallamos con nuestro Macías,
e vimos que estava llorando los días
con que su vida tomó fin, amando;
lleguéme más çerca, turbado, yo quando
vi ser un tal hombre de nuestra nación,
e vi que dezía tal triste canción,
en elegíaco verso cantando:

«Amores me dieron corona de amores
por que mi nombre por más bocas ande;
entonçes non era mi mal menos grande
quando me davan plazer sus dolores;
vençen el seso los dulçes errores,
mas no duran siempre segunt luego
plazen;
pues me fizieron de mal que vos fazen,
sabed al amor desamar, amadores.

»Fuid un peligro tan apassionado;
sabed ser alegres; dexad de ser tristes;
sabed desservir quien tanto servistes,
a otros que amores dad vuestro cui-
dado;
los quales, si diesen por un igual grado
sus pocos plazeres segunt su dolor,
no se quexara ningunt amador
nin desesperara ningunt desamado.

»E bien como quando algunt malfechor,
al tiempo que fazen de otro justiçia,
temor de la pena le pone cobdiçia
de allí adelante bevir ya mejor,
mas desque passado por él el temor,
vuelve a sus viçios como de primero,
así me bolvieron a do desespero
deseos que quieren que muera amador».

Tan grant multitud turbada veyendo
por fuego viçioso de ilíçito amor,
fablé: «Providençia, tú dime mejor

aquesta mi dubda que yo non entiendo;
éstos atanto discretos seyendo,
¿por qué se quisieron amar çiegamente?;
bullada devieran tener en la fruente
la pena que andan aquí padesçiendo».

Respuso reyendo la mi compañera:
«Nin causan amores nin guardan su
  tregua
las telas del fijo que pare la yegua;
nin menos agujas fincadas en çera,
nin filos de alambre nin agua primera
del mayo bevida con vaso de yedra,
nin fuerça de yervas, nin virtud de
  piedra,
nin vanas palabras de la encantadera.

»Mas otras razones más justas con-
  vocan
los coraçones a las amistades:
virtudes e vidas en conformidades,
e sobre todo beldades provocan,
e delectaciones a muchos advocan,
e quando los dones son bien resçebidos,
o por linage naçer escogidos,
o dulçes palabras allí donde tocan.

»Val assí mesmo para ser amado
antiçiparse primero en amar:
non es ninguno tan duro en el dar
que algo non diese si mucho ha tomado;

pues mucho deviera ser más que culpado
aquel coraçón que si no querer
quiere, que quiera querido non ser,
o por ser querido biva despagado.

»Estonçes se puede obrar discreçión
si amor es ficto, vaníloquo, pigro;
mas el verdadero non teme peligro
nin quiere castigos de buena razón,
nin los juizios de quantos ya son
le estorvan la vía de como la entiende,
ante sus flamas mayores ençiende
quando le ponen mayor defensión».

Por ende, monarcha, señor valeroso,
el regio çeptro de vuestra potençia
fiera mesclando rigor con clemençia,
por que vos tema qualquier criminoso,
e los viles actos del libidinoso
fuego de Venus del todo se maten,
e los humanos sobre todo caten
el limpio cathólico amor virtuoso.

El qual es tal medio de dos coraçones
que la voluntad que estava no junta
la su dulçedumbre concorda e ayunta,
faziéndoles una sus dos opiniones,
e dando tal parte de sus afecçiones:
a los amadores sin gozo cadena,
e a los amados deleite sin pena,
a los menos méritos más galardones.

Aquí vi grant turba de santos doctores
e contemplativos de aquel buen saber
que para siempre nos puede valer,
faziéndonos libres de nuestros errores;
philósofos grandes e flor de oradores,
aquí çitaristas, aquí los profetas,
astrólogos grandes, aquí los poetas,
aquí quadruvistas, aquí sabidores.

Está sobre todos grant turba compuesta
de claros maestros, doctores muy santos;
estava Gerónimo alçando los cantos,
Gregorio, Agustino velando respuesta;
e vimos el santo doctor cuya fiesta
nuestro buen César jamás soleniza,
e otros doctores a quien canoniza
la silla romana por vida modesta.

Vi los philósofos Crato e Polemo,
el buen Empedocles y doto Zenón,
Aristótiles çerca del padre Platón,
guiando a los otros con su dulçe remo;
vimos a Sócrates tal que lo temo,
con la ponçoña mortal que bevía,
e vi a Pitágoras que defendía
las carnes al mundo comer por estremo.

Vi a Demóstenes e a Gabiano,
e vi más a Tulio con su rica lengua,
Casio Severo, sofriendo grant mengua,

dado en exilio del pueblo romano;
Mostróse Domiçio, rector africano,
e vimos a Pluçio con Apolodoro,
e vimos la lumbre del claro thesoro
del nuestro rectórico Quintilïano.

Mostróse Tubal, primero inventor
de cónsonas bozes e dulçe armonía;
mostróse la farpa que Orpheo tañía
quando al infierno lo truxo el amor;
mostrósenos Fíliris, el tañedor,
maestro de Archiles en çitarizar,
aquel que por arte ferir e domar
pudo a un Archiles, tan grand domador.

La compañía virgínea, perfecta
vimos en acto de vidas tranquilas,
el décimo número de las Sibilas,
que cada qual pudo llamarse profeta:
estava la Pérsica con la Dimeta,
e la Babilónica, grand Eritea,
e la Frigiana, llamada Albunea,
vimos estar con la Delfijineta.

Femonoé por orden la sesta
estava, la qual en versos sotiles
cantó pregonando las guerras ceviles,
de quien ovo Apio la triste respuesta;
vimos a Líbisa, virgen honesta;
estava Vetona con el Amatea;
era la déçima aquella Cumea
de quien los romanos fazen oy fiesta.

Vimos a Omero tener en las manos
la dulçe Ilíada con el Odisía;
el alto Virgilio vi que lo seguía
Ennio con otro montón de romanos:
trágicos, líricos, elegïanos,
cómicos, sátiros, con eroístas,
e los escriptores de tantas conquistas
quantas nasçieron entre los humanos.

¡O flor de saber e de cavallería!,
Córdova madre, tu fijo perdona
si en los cantares que agora pregona
non divulgare tu sabiduría;
de sabios valientes loarte podría
que fueron espejo muy maravilloso:
por ser de ti mesma, seré sospechoso;
dirán que los pinto mejor que devía.

Venimos al çerco de nuestros presentes,
donde fallamos muy pocos de tales:
oy la doctrina mayor es de males
que non de virtudes açerca las gentes;
mas entre otros allí prefulgentes
vimos a uno lleno de prudençia,
del qual preguntada la mi Providençia,
respuso dictando los versos siguientes:

«Aquel que tú vees estar contemplando
el movimiento de tantas estrellas,
la obra, la fuerça, la orden de aquéllas,

que mide los cursos de cómo e de
quándo,
e ovo notiçia philosofando
del movedor e de los comovidos,
de lumbres e rayos e son de tronidos,
e supo las causas del mundo velando,

»aquel claro padre, aquel dulçe fuente,
aquél que en el Cástalo monte resuena,
es don Enrique, señor de Villena,
honrra de España e del siglo presente».
¡O ínclito sabio, autor muy çïente,
otra y aún vegada yo lloro
porque Castilla perdió tal thesoro,
non conosçido delante la gente!

Perdió los tus libros sin ser conosçidos,
e cómo en esequia te fueron ya luego
unos metidos al ávido fuego,
otros sin orden non bien repartidos;
çierto en Athenas los libros fengidos
que de Pitágoras se reprovaron
con çerimonia mayor se quemaron,
quando al senado le fueron leídos.

Fondón d'estos çercos vi ser derribados
los que escodriñavan las dañadas artes,
e la su culpa vi fecha dos partes,
de los que las muestran e de los demos-
trados;
magos, sortílegos mucho dañados,
prestigïantes vi luego seguiente,

e los matemáticos que malamente
tientan objectos a nos devedados.

Los ojos dolientes al cerco baxando,
vimos la forma del mago Tereo,
con la d´Erito que a Sesto Pompeo
dio la respuesta, su vida fadando;
estava sus fijos despedaçando.
Medea, la inútil nigromantessa,
ferida de flecha mortal de deessa,
que non supo darse reparos amando.

Estavan las fembras Liçinia e Publiçia,
dando, en obprobio de los sus linages,
a sus maridos mortales potages,
mesclados con yervas llenas de maliçia;
ca, desque se pierde la grant pudiçiçia,
virtud nesçesaria de ser en la fembra,
tal furia cresçe, tal odio se siembra,
que han los maridos en inimiçiçia.

Por ende vosotros, algunos maridos,
si sois trabajados de aquella sospecha,
nunca vos sienta la vuestra derecha,
nin menos entiendan que sois entendidos;
sean remedios enante venidos
que nesçesidades vos trayan dolores;
a grandes cautelas, cautelas mayores:
más val prevenir que non ser preve-
  nidos.

Para quien teme la furia del mar
e las tempestates reçela de aquélla,
el mejor reparo es no entrar en ella,
perder la cobdiçia del buen navegar;
mas el que de dentro presume de andar
sin que padesca miseria ninguna,
a la primera señal de fortuna
deve los puertos seguros tomar.

A vos, poderoso grand rey, pertenesçe
fazer destruir los falsos saberes
por donde los ombres e malas mugeres
asayan un daño mayor que paresçe;
una grand gente de la que pereçe
muere secreto por arte malvada,
e fingen que fuesse su muerte causada
del mal que a los malos pensar no fa-
llesçe.

Magnífico prínçipe, non lo demanda
la grant honestad de los vuestros siglos
sufrir que se críen atales vestiglos
que matan la gente con poca vianda;
la mucha clemençia, la ley mucho
blanda
del vuestro tiempo non cause maliçias
de nuevas Medeas e nuevas Publiçias:
baste la otra miseria que anda.

Las líçitas artes con vuestra clemençia
crescan a bueltas los rectos ofiçios,
caigan los daños; fenescan los viçios,

non disimule más mal la paçiençia,
por que contemplen en vuestra pre-
sençia
los años quinientos de vuestra grant
vida,
el arte malvada por vos destruida,
e más restaurada la santa prudençia.

Es la prudençia çiençia que mata
los torpes deseos de la voluntad,
sabia en lo bueno, sabida en maldat,
mas siempre las vías mejores acata;
destroça los viçios, el mal desbarata,
a los que la quieren ella se combida;
da buenos fines, seyendo infinida,
e para el ingenio más neto que plata.

Coplas de la panadera[1]

Di, Panadera,
Panadera soldadera,
que vendes pan de barato,
quéntanos algún rebato
que te aconteció en la vera.

Di, Panadera.
Un miércoles que partiera
el príncipe don Enrique
a buscar algún buen pique
para su espada ropera,
saliera sin otra espera
de Olmedo tan gran compaña,
que con mui fermosa maña
al Puerto se retrujera.

Di, Panadera.

- - - - -

Por más serguro escogiera
el obispo de Sigüença
estar, aunque con vergüença,
junto con la cobijera,
mas tan grande pabor cogiera
en ver fuir labradores,
que a los sus paños menores

1 Los siguientes fragmentos de las *Coplas de la panadera* se atribuyen a Juan de Mena en una misiva a Íñigo Ortiz de Estúñiga.

fue menester labandera.

Di, Panadera.

- - - - -

Salido como de osera
Rui Días el mayor domo
tan velloso vientre y lomo
como ossa colmenera,
si la fe que prometiera
la guardase según fallo,
no comiera su cauallo
en el real la cibera.

Di, Panadera.

- - - - -

Amarillo como cera
estaua el conde de Haro
buscando todo reparo
por no pasar la ribera,
después bido la manera
como el señor rey pasaba,
pedos tan grandes tiraba,
que se oían en Talabera.

Di, Panadera.

Tu señor, q' eres minera

de toda virtud diuina,
saca de tu medicina
de la tu santa atriaquera,
porq' yo, señor, siquiera
aya más por algún rato,
que del dicho disbarato
a muchos quede dentera.

Di, Panadera.

- - - - -

En cátedra de madera
vi al obispo Barrientos
Con un dardo sin armientos,
que a predicarles saliera
e por conclusión pusiera
quel que allí fuese a morir,
Él le faría subir
al cielo sin escalera

Di panadera.

Libros a la carta

A la carta es un servicio especializado para
empresas,
librerías,
bibliotecas,
editoriales
y centros de enseñanza;
y permite confeccionar libros que, por su formato y concepción, sirven a los propósitos más específicos de estas instituciones.

Las empresas nos encargan ediciones personalizadas para marketing editorial o para regalos institucionales. Y los interesados solicitan, a título personal, ediciones antiguas, o no disponibles en el mercado; y las acompañan con notas y comentarios críticos.

Las ediciones tienen como apoyo un libro de estilo con todo tipo de referencias sobre los criterios de tratamiento tipográfico aplicados a nuestros libros que puede ser consultado en Linkgua-ediciones.com.

Linkgua edita por encargo diferentes versiones de una misma obra con distintos tratamientos ortotipográficos (actualizaciones de carácter divulgativo de un clásico, o versiones estrictamente fieles a la edición original de referencia).

Este servicio de ediciones a la carta le permitirá, si usted se dedica a la enseñanza, tener una forma de hacer pública su interpretación de un texto y, sobre una versión digitalizada «base», usted podrá introducir interpretaciones del texto fuente. Es un tópico que los profesores denuncien en clase los desmanes de una edición, o vayan comentando errores de interpretación de un texto y esta es una solución útil a esa necesidad del mundo académico.

Asimismo publicamos de manera sistemática, en un mismo catálogo, tesis doctorales y actas de congresos académicos, que son distribuidas a través de nuestra Web.

El servicio de «libros a la carta» funciona de dos formas.

1. Tenemos un fondo de libros digitalizados que usted puede personalizar en tiradas de al menos cinco ejemplares. Estas personalizaciones pueden ser de todo tipo: añadir notas de clase para uso de un grupo de estudiantes, introducir logos corporativos para uso con fines de marketing empresarial, etc. etc.

2. Buscamos libros descatalogados de otras editoriales y los reeditamos en tiradas cortas a petición de un cliente.

www.ingramcontent.com/pod-product-compliance
Lightning Source LLC
LaVergne TN
LVHW101932220826
846093LV00009B/429

* 9 7 8 8 4 9 0 0 7 1 4 6 5 *